¿Quién fue
Franklin Roosevelt?

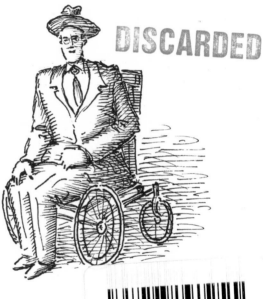

¿Quién fue
Franklin Roosevelt?

Margaret Frith

Ilustraciones de John O'Brien

loqueleo

SANTILLANA USA

Para mi madre americana.

M.F.

Para Terase.

J.O.

loqueleo

Título original: *Who Was Franklin Roosevelt?*
© Del texto: 2010, Margaret Frith
© De las ilustraciones: 2010, John O'Brien
© De la ilustración de portada: 2010, Nancy Harrison
Todos los derechos reservados.

Publicado en español con la autorización de Grosset & Dunlap,
una división de Penguin Group.

© De esta edición:
2015, Santillana USA Publishing Company, Inc.
2023 NW 84th Avenue
Miami, FL 33122, USA
www.santillanausa.com

Dirección editorial: Isabel C. Mendoza
Coordinación de montaje: Claudia Baca
Servicios editoriales de traducción por Cambridge BrickHouse, Inc.
www.cambridgebh.com

Loqueleo es un sello de **Santillana**. Estas son sus sedes:
ARGENTINA, BOLIVIA, BRASIL, CHILE, COLOMBIA, COSTA RICA, ECUADOR, EL SALVADOR,
ESPAÑA, ESTADOS UNIDOS, GUATEMALA, MÉXICO, PANAMÁ, PARAGUAY, PERÚ, PORTUGAL,
PUERTO RICO, REPÚBLICA DOMINICANA, URUGUAY Y VENEZUELA.

¿Quién fue Franklin Roosevelt?
ISBN: 978-1-631-13433-3

Published in the United States of America
Printed by Thomson-Shore, Inc.

20 19 18 17 16 15   1 2 3 4 5 6 7 8 9 10

Índice

¿Quién fue Franklin Delano Roosevelt?

Cuando Franklin Delano Roosevelt murió en 1945, un soldado joven se paró frente a la Casa Blanca recordando a su presidente. "Sentía como si lo hubiera conocido. Era como si él me hubiera conocido, y yo le hubiera caído bien". Estaba expresando lo que sentían muchos estadounidenses.

FDR, como le llamaban, había sido presidente desde 1933. Fue elegido cuatro veces; desempeñó el cargo durante doce años. Más que ningún otro presidente antes o después de él.

Cuando Franklin llegó a la presidencia, se encontró con muchos problemas. Los bancos estaban en bancarrota. Había muchos desempleados. Muchas familias habían perdido sus casas. Era la época de la Gran Depresión.

Franklin no era el tipo de persona que se sienta y se pregunta qué hacer. Durante los primeros cien días de su mandato, promulgó quince leyes importantes para solucionar problemas. Ningún presidente había logrado tanto en tan poco tiempo.

Franklin no solo tuvo que enfrentarse a la Gran Depresión, sino también tuvo que dirigir el país durante los difíciles días de la Segunda Guerra Mundial.

¿Qué lo hizo un líder tan fuerte? Quizás su fuerza le venía en parte de una crisis personal. Sucedió cuando tenía 39 años. Estaba de vacaciones con su familia. De repente contrajo una enfermedad, llamada *polio*. Franklin no pudo volver a caminar. Pero luchó mucho para mantenerse fuerte y saludable. Nunca se dio por vencido. Con la misma fuerza y optimismo dirigió el país.

No a todo el mundo le gustaban las ideas de Franklin. Pero la mayoría de los estadounidenses lo querían. Millones de personas lo lloraron como si hubiera sido parte de su familia cuando se enteraron de su muerte repentina. Muchos no podían imaginar Estados Unidos sin tener a FDR como presidente.

Capítulo 1
Niñez en Hyde Park

SPRINGWOOD

En una casa grande llamada Springwood, en la parte alta del río Hudson en Hyde Park, Nueva York, nació un niño el 30 de enero de 1882.

"A las nueve menos cuarto mi Sallie tuvo un niño grande y hermoso. Pesa diez libras desnudo", escribió su padre, James Roosevelt. La madre del bebé, Sara Delano Roosevelt, dijo que era "rosado, regordete y guapo". Lo llamó Franklin, como su tío preferido.

Cuando Sara y James se conocieron, ella tenía veinticinco años y él, cincuenta y uno, era viudo y tenía un hijo mayor. James se enamoró de Sara en una fiesta. La anfitriona recordaba que James no podía apartar los ojos de Sara. Se casaron en 1880.

Sara y James provenían de familias ricas que vivían desde hacía mucho tiempo en el valle del río Hudson. Se criaron en casas bonitas, con muchos empleados: cocineros, mayordomos, criadas y jardineros. James era terrateniente y contrataba trabajadores para cultivar los campos.

Franklin era hijo único. Era la niña de los ojos de su madre y Franklin la adoraba, hasta cuando era mandona.

Franklin se crió rodeado de adultos. No fue a la escuela. Hasta los trece años tuvo tutores en casa que se encargaron de su educación. A pesar de que

no había otros niños a su alrededor, Franklin se divertía en Springwood. En el invierno, montaba en trineo y se deslizaba a toda velocidad por las colinas nevadas. Se sentía feliz explorando el bosque y el campo. Le encantaba montar a caballito en Popsy. Así era como llamaba a su padre.

Desde muy pequeño, comenzó a coleccionar estampillas de correo. Este fue un pasatiempo que le gustó toda la vida. Su mayor afición, sin embargo, fue el mar. Jugaba con barcos de juguete. Navegaba en el verano.

Y, cuando creció, navegó sobre el hielo en el río Hudson con un frío intenso. (Un barco para el hielo es como un trineo con velas que navega muy rápido).

Cuando Franklin tenía nueve años, Popsy compró un yate llamado *Medialuna*. A Franklin le emocionaba mucho la idea de navegar en él a Campobello.

Campobello es una isla de la costa este de Canadá. Los Roosevelt pasaban los veranos allí en una casita que habían construido. Los fuertes vientos y las mareas altas hacían que la navegación alrededor de la isla fuera complicada. Pero a Franklin le encantaba el reto y se convirtió en un buen marinero. A los dieciséis años, tenía su propio barco, *Luna Nueva*.

Otra familia en Campobello le habló a los Roosevelt de la escuela Groton. Era un internado al norte de Boston, Massachusetts. Los padres de Franklin decidieron enviarlo allí.

La mayoría de los chicos entraba a Groton a los doce años. Pero Franklin no fue hasta que tuvo catorce. Su madre no fue capaz de separarse de él antes. No es sorprendente que él sintiera nostalgia al principio.

La vida en Groton era muy diferente a la vida en Springwood. Seguía el modelo de un internado inglés sin nada superficial y con un estilo de vida duro. Franklin compartía un dormitorio con otros chicos. Una vez, durante la noche, entró nieve por un montante abierto del dormitorio. Franklin y los otros niños se despertaron medio congelados.

Sin embargo, eso no los libró de ducharse con agua fría como todas las mañanas.

Los deportes eran muy importantes en Groton y también para Franklin. Le encantaba jugar al fútbol americano. Era delgado y no muy rápido. Aún así, peleaba fuerte, y tenía rasguños y chichones que lo demostraban.

Sus padres estaban más interesados en sus estudios. Estaban muy contentos de que él fuera el cuarto de una clase de diecinueve niños.

JARDÍN DE HARVARD

En la primavera de 1900, Franklin se graduó de Groton. Ese otoño, entró en Harvard. Durante los últimos años, la salud de su padre se había deteriorado. Poco después del Día de Acción de Gracias, a Franklin le avisaron que Popsy estaba muy enfermo. Murió de una insuficiencia cardíaca el 8 de diciembre.

Ahora Sara era viuda. En vez de pasar el invierno en Hyde Park sola, se trasladó a Boston para estar cerca de Franklin. Si ya eran unidos, ahora lo estaban mucho más.

En Harvard, Franklin tuvo
mucho éxito en el *Crimson*, el
periódico de la universidad. Era
un escritor nato con habilidad
para hacer buenas entrevistas.

En el último año de la universidad fue director
del *Crimson*. Pero lo más significativo que sucedió
durante sus años en Harvard fue la relación con su
prima lejana Eleanor Roosevelt.

Capítulo 2
Encuentro con Eleanor

A diferencia de Franklin, Eleanor tuvo una infancia poco feliz. Elliot, su padre, era el hermano más pequeño de Teodoro Roosevelt, quien fue presidente en 1901. Era guapo y simpático. Eleanor lo

adoraba y él adoraba a su hijita. Pero Elliot tenía un
problema grave con la bebida. La madre de Eleanor,
Anna Hall Roosevelt, era una madre distante y fría.
Llamaba a Eleanor "Abuelita" porque era una niña
demasiado seria. Eleanor se sentía como un extraño
patito feo al lado de su hermosa madre.

Tanto sus padres como su hermano pequeño habían muerto cuando ella tenía diez años. Por eso a ella y a su hermano de seis años, Hall, los enviaron a vivir con sus abuelos. Para ellos, los dos niños eran una carga.

A menudo solitaria, Eleanor se evadía soñando con momentos felices al lado de su padre. Un tiempo estimulante era la época de Navidad, cuando veía a los primos Roosevelt en las fiestas.

Franklin fue a una de estas fiestas. Invitó a bailar a Eleanor. Ella aceptó, a pesar de que no sabía bailar. A Franklin parecía no importarle.

Después de eso, no se volvieron a ver durante años. Eleanor asistió a un internado en Inglaterra. (Dijo más tarde que esos fueron "los años más felices de su vida").

A los dieciocho años, regresó a Estados Unidos. Como toda joven perteneciente a una familia famosa, era el momento para ella de relacionarse en la sociedad de Nueva York. Decía que se sentía en una "completa agonía".

Pero volvió a ver a Franklin en las fiestas. Cuando él la invitó a la fiesta de sus veintiún años en Springwood, ella asisitió. Poco a poco empezaron a verse más. Él era divertido y la hacía reír.

La madre de Franklin no quería que su hijo tuviera una relación seria con ninguna chica. Quería que terminara la universidad y empezara una carrera. Franklin le cogió cada vez más cariño a Eleanor. Era inteligente y más interesante que otras chicas. Había viajado y vivido en Europa. Hablaba francés, incluso mejor que él. Y con su figura alta y delgada, su largo pelo rubio

que le caía hasta la cintura y sus hermosos ojos azules, no era un "patito feo". No para él.

Franklin le pidió a Eleanor que se casara con él y ella aceptó. A Sara la noticia no le gustó en absoluto, pero permaneció serena y les pidió que no tuvieran prisa en casarse. Que eran demasiado jóvenes. Así que Franklin y Eleanor decidieron esperar. Sara alejó a su hijo enviándolo a un crucero de seis meses por el Caribe. Para sus adentros,

esperaba que se olvidara de Eleanor. En vez de eso, el viaje le hizo desear más volver con ella.

Finalmente, en el otoño del 1904, Sara se dio por vencida y ellos anunciaron su compromiso. Franklin y Eleanor se casaron en la ciudad de Nueva York el 17 de marzo de 1905. Ted, el tío de Eleanor, el presidente, entregó a la novia.

Después de tres meses de luna de miel, la pareja volvió a la ciudad de Nueva York. Sara se había encargado de todo, dejando sin nada que hacer a Eleanor. Se mudaron a una casa completamente amueblada y a solo tres bloques de donde vivía Sara en Nueva York. (Unos pocos años más tarde, Sara construiría dos edificios uno al lado del otro con puertas comunicantes en diferentes pisos que nunca estaban cerradas con llave. Era casi como vivir juntos).

El primer hijo de la pareja, Anna Eleanor, nació en 1906. James nació un año más tarde. Tristemente, su tercer hijo, Franklin, moriría a causa de la gripe cuando solo

tenía ocho meses. Tendrían tres hijos más, Elliot, Franklin Jr. y John.

Franklin estudió en la facultad de derecho de la Universidad de Columbia, como lo había hecho Ted, el tío de Eleanor. Después ingresó a un famoso despacho de abogados de Wall Street. Sin embargo, el trabajo no lo entusiasmaba realmente. Y, aunque le gustaba Hyde Park, Franklin no quería pasar su vida siendo terrateniente como su padre.

¿Qué le atraía? ¡La política! Así pues, en 1910, Franklin se lanzó como candidato para un cargo político. Tenía veintiocho años.

Capítulo 3
Campaña electoral

Demócratas importantes del área de Hyde Park le pidieron a Franklin que se postulara como candidato para el senado de Nueva York. Si ganaba,

trabajaría en Albany, la capital del estado. Con un apellido tan famoso y dinero para pagar su propia campaña, Franklin parecía ser un buen candidato, aunque la mayoría de los votantes del distrito eran republicanos.

Pero él sabía que llamarse Roosevelt no era suficiente. Necesitaba que los votantes lo conocieran. Por lo tanto, alquiló un automóvil rojo grande y

pomposo e invitó a un popular congresista a viajar con él. Fue un inicio de campaña emocionante, con banderas al viento, y el viento acariciando sus caras.

Mucha gente se entusiasmó con estos jóvenes tan amables que hablaban de un gobierno honrado. El día de las elecciones, Franklin venció a su oponente por 1,440 votos. Pasó tres años en el senado estatal y llegó a ser bien conocido por ser independiente. No era el tipo de político que hace lo que le ordena

LOUIS HOWE

el partido. Fue también durante esta época cuando conoció al periodista Louis Howe. Howe se convirtió en su amigo y asistente de por vida.

En 1921, Franklin asistió a la Convención Demócrata de Baltimore, Maryland. Apoyaba para la presidencia al gobernador de Nueva Jersey, Woodrow Wilson. Wilson ganó la nominación y continuó su campaña hasta ganar las elecciones de noviembre.

Franklin había apoyado a Wilson no solo por sus ideas sino también porque esperaba conseguir un trabajo en Washington. ¡Eso ocurrió casi inmediatamente!

WOODROW WILSON

Le preguntaron si le gustaría ser Asistente del Secretario de la Armada.

"¿Cómo que si me gustaría? Me parece más que excelente", respondió.

Con lo que le gustaba el mar y navegar, la armada era el lugar perfecto para Franklin. Habló con todos, desde los almirantes a los marineros, y con los armadores de los astilleros. Visitó las bases navales del país.

No era extraño verlo trepar por la jarcia de un barco mientras este surcaba las olas. Hasta los almirantes de alta categoría llegaron a respetar a este joven que nunca antes había estado en una base naval.

En 1914, estalló la Primera Guerra Mundial en Europa. En 1917, Estados Unidos se unió a las fuerzas en contra de Alemania.

Franklin apremió a la armada para que se construyeran potentes barcos de guerra.

Lleno de orgullo, martilló el primer tornillo de un buque de guerra nuevo en el astillero de Brooklyn. Fue llamado el *USS Arizona*.

Franklin tenía un claro conocimiento del conflicto armado. Convenció a la armada de que colocara una franja de minas submarinas en el mar del Norte. Los submarinos alemanes tenían que pasar por esta zona de camino al océano Atlántico para atacar a los barcos ingleses y estadounidenses. La guerra estaba ya muy avanzada, pero al hacer estallar los submarinos alemanes, las minas mantenían la seguridad de los barcos.

La guerra terminó el 11 de noviembre de 1918, con la derrota de Alemania. Franklin fue enviado a París para asistir a la conferencia del tratado de paz.

Al terminar la guerra, Franklin regresó a su vida privada. Era 1920, un año de elecciones para la presidencia. Para sorpresa de Franklin, el candidato demócrata a la presidencia, James Cox, le pidió que se postulara como vicepresidente.

Franklin se lanzó a la campaña. Visitó veinte estados en tren, recorriendo dieciocho mil millas. Habló a los campesinos, a los obreros de las fábricas,

a los empresarios y a la mujeres que iban a votar por primera vez.

No se esperaba que Cox y Franklin ganaran, y así fue. De hecho tuvieron una gran derrota. Pero a Franklin le encantó competir. Por todo el país, la gente pudo conocer a este brillante hombre optimista de Nueva York que parecía tener un gran futuro ante sí.

Capítulo 4
Enfrentando una crisis

En 1921, Franklin estaba de vuelta en Nueva York trabajando como abogado. Ese agosto, viajó con Eleanor y los niños a su casita de Campobello.

Una mañana, cuando la familia estaba navegando, vieron humo que salía de una isla pequeña. Se dirigieron hacia allí y descubrieron un matorral ardiendo fuera de control. Franklin cortó ramas verdes y combatieron las llamas durante horas. Finalmente, consiguieron apagar el fuego.

De vuelta en Campobello, Franklin y sus hijos se fueron a nadar. Más tarde, Franklin se sentó con su bañador húmedo para mirar su correspondencia. Sentía frío y le dolía la espalda, así que se acostó temprano. Al día siguiente, cuando se despertó, apenas se podía mantener en pie.

Eleanor llamó a un médico que dictaminó que Franklin tenía un resfriado. Pero a medida que pasaban los días, Franklin empeoraba. No podía levantarse. Le dolía todo el cuerpo. Sufría terribles dolores.

Llamaron a otro médico. Dijo lo mismo. Franklin tenía un resfriado severo. Finalmente, Eleanor hizo que un médico de Boston examinara a Franklin.

Enseguida, el médico se dio cuenta de cuál era el problema: Franklin tenía polio. La polio es un virus que causa fiebre alta y con frecuencia inhabilita a las personas para caminar.

Eleanor llevó a Franklin a casa, en Nueva York. Si se sintió asustado o preocupado, no lo manifestó. Inmediatamente, empezó a hacer ejercicio en casa.

Estaba decidido a caminar de nuevo.

En febrero, le pusieron aparatos ortopédicos en las piernas. Se sujetaban con correas de cuero alrededor de las caderas y el pecho. Cuando las bisagras de las rodillas estaban cerradas, se podía poner de pie, pero no podía andar. (Más tarde, siendo presidente, usaba aparatos pintados de negro. Los llevaba con zapatos y calcetines negros para que no se le notaran).

Sara convenció a Franklin de que estaría más cómodo en Springwood. Así que la familia se mudó a Hyde Park. Fue difícil para Eleanor. Una vez más, su suegra estaba al mando.

En Springwood, los dormitorios estaban en el segundo piso. No había manera de que Franklin pudiera subir las escaleras. Afortunadamente, la casa tenía un "montacargas" para los equipajes. Era del tamaño de un ascensor, así que Franklin cabía con su silla de ruedas. Se subía y se bajaba con sogas y poleas.

Franklin probaba de todo lo que se enteraba que podría

ayudarle para las piernas: lámparas solares, correas eléctricas, masajes y poleas.

Una vez, incluso intentó colgarse del techo mediante un arnés. Nada funcionaba. No podía andar, y ni siquiera estaba cerca de poder caminar con muletas.

Sin embargo, descubrió algo maravilloso: la natación. Podía flotar sin ninguna ayuda. Estaba seguro de que eso le ayudaba para las piernas.

En 1924, Franklin se enteró de un lugar de "aguas milagrosas". Se llamaba Warm Springs y se encontraba en un lugar remoto de Georgia. Él y Eleanor necesitaban vacaciones, así que viajaron a ese lugar.

Había un viejo hotel, doce casitas deterioradas y una piscina. En el momento en que Franklin se metió en ella, sonrió. La temperatura del agua era de noventa grados. "Está estupenda", dijo. "No creo que vuelva a salir de aquí".

Cuando un periódico escribió sobre la estancia de Franklin en Warm Springs, otros enfermos de polio empezaron a ir. Muchos de ellos eran niños.

Dos años más tarde, Franklin compró el balneario y lo restauró. Se quedó con una de las casitas para él. Iba siempre que podía.

Franklin había encontrado un segundo hogar. No tenía que fingir que todo estaba bien. Estaba rodeado de personas que estaban pasando por lo mismo que él. Lo querían. Para estas personas, él era "Rosy".

Lo pasaba estupendamente con los niños. Las carcajadas ruidosas y los chapoteos significaban que Franklin y los niños estaban jugando en la piscina.

En 1927, Franklin inició la fundación Georgia Warm Springs. Se trataba a los afectados por la polio y se convirtió en un centro para investigar la enfermedad.

En cuanto a Franklin, estaba aprendiendo a tener una vida plena a pesar de la parálisis de las piernas. Su auto fue adaptado para que pudiera manejar

GRACIAS A LAS PALANCAS DE MANO
SE PODÍA MANEJAR
SIN USAR LOS PIES.

usando solo las manos. Todavía le gustaba manejar deprisa. Volaba por las carreteras, deteniéndose para hablar con cualquiera a lo largo del camino.

Fue durante estos viajes a Georgia cuando Franklin comprendió lo que significaba ser pobre y luchar, vivir sin luz eléctrica o asistir a una escuela en ruinas. Nunca olvidó lo que vio.

LA POLIOMIELITIS

ALGUNOS ENFERMOS DE POLIOMIELITIS, O POLIO, SE RECUPERARON CON POCAS O NINGUNA SECUELA. PERO MUCHOS, COMO FRANKLIN, NO TUVIERON TANTA SUERTE.

LA MAYORÍA DE LOS BROTES DE POLIO OCURRIERON EN EL VERANO. DURANTE LA EPIDEMIA DE 1916, MURIERON SEIS MIL PERSONAS. EL PEOR AÑO FUE 1952, CUANDO SE DIERON MÁS DE CINCUENTA Y SIETE MIL CASOS.

EN 1938, EL PRESIDENTE ROOSEVELT FUNDÓ "LA CARRERA DE LOS REALES" (THE MARCH OF DIMES) PARA LA INVESTIGACIÓN DE LA POLIO. SE LE PIDIÓ A TODO EL MUNDO QUE ENVIARA UNA MONEDA DE DIEZ CENTAVOS.

EN 1955, EL DOCTOR JONAS SALK CREÓ LA PRIMERA VACUNA PARA PREVENIR LA POLIO. DESDE ENTONCES, LA POLIO HA SIDO ELIMINADA EN LA MAYOR PARTE DEL MUNDO. ES MUY TRISTE QUE FRANKLIN NO HUBIERA VIVIDO PARA VER LA VACUNA CONTRA LA POLIO.

DESPUÉS DE SU MUERTE, SU RETRATO SE PUSO EN LA MONEDA DE DIEZ CENTAVOS. TODAVÍA EN ELLAS APARECE SU RETRATO COMO RECUERDO DE SU TRABAJO PARA "LA CARRERA DE LOS REALES".

Capítulo 5
Luchando para caminar

Franklin estaba decidido a ser candidato para un cargo político de nuevo algún día. Pero quería caminar primero. Era importante que el Partido Demócrata lo recordara. Por lo tanto, mantuvo el contacto mediante cartas y llamadas telefónicas.

Eleanor quería mantener vivo el nombre de Franklin. "No quiero que se olviden de él", dijo. "Quiero que se oiga su voz". Louis Howe la convenció para que asistiera a reuniones políticas. A ella también empezó a gustarle la vida política. Las causas de las mujeres eran importantes para ella.

A pesar de que Franklin se esforzaba al máximo, todavía no podía andar. Pero encontró una manera de mantenerse de pie y moverse hacia delante, balanceando una pierna y luego la otra. Se agarraba fuertemente al brazo de una persona de un lado y usaba una muleta en el otro. Más tarde pudo apoyarse en un bastón en vez de una muleta. No era caminar, pero lo parecía.

En 1924, el Partido Demócrata le pidió a Franklin que nominara a Al Smith, el gobernador de Nueva York, como candidato a la presidencia. La convención tuvo lugar en el Madison Square Garden de la ciudad de Nueva York.

AL SMITH

Franklin quería verse fuerte y confiado. Subió al podio con la ayuda de una muleta y su hijo James. Tuvo que hacer un gran esfuerzo, pero Franklin lo logró con el sudor escurriéndole por la cara.

Se agarró al podio y permaneció derecho y erguido.
Una gran sonrisa iluminaba su cara, y la multitud
se enloqueció.

Para entonces, tenía que saber que ya nunca volvería a caminar. Pero definitivamente era posible tener una vida en la política. Y cuando llegó el momento de la campaña, se presentaría a los ciudadanos estadounidenses, de pie y erguido.

Cuatro años más tarde, en 1928, Roosevelt fue elegido gobernador de Nueva York. Ganó por solo veinticinco mil votos de los cuatro millones de votantes. No obstante, ganó.

Los republicanos estaban al frente del gobierno del estado. En su primer discurso, Franklin estuvo encantador y animado. Habló de nuevas leyes para proteger a los trabajadores y a los sindicatos. Pero los republicanos no estaban interesados en estos temas.

Después, en octubre de 1929, sucedió lo inesperado. El mercado bursátil de Wall Street se desplomó y todo el país se puso patas arriba. La gente perdió su dinero. Luego perdieron su trabajo.

Este fue el principio de la Gran Depresión.

Para 1932, había por lo menos doce millones de hombres y mujeres desempleados. Hacían fila en los centros de beneficencia para conseguir algo

de comida gratis. Muchos perdieron sus casas y no tenían donde vivir. Con solo lo que llevaban puesto, se reunían en "campos de ocupaciones ilegales",

a veces llamados *Hoovervilles* en referencia al presidente Herbert Hoover.

Franklin estaba convencido de que era el
momento de presentarse como candidato para presidente. Hizo campaña por todo el país en el "Roosevelt Special". En cada parada, este hombre alto,

atractivo y confiado se ponía de pie y les prometía a las personas volver a tener trabajo. Les ofrecía un futuro.

HERBERT HOOVER

Los estadounidenses escuchaban y veían a un líder con quien podían contar.

Franklin derrotó a su oponente, el presidente Herbert Hoover, con una mayoría aplastante. De los cuarenta y ocho estados, solo perdió en seis.

Había empezado la era Roosevelt.

Capítulo 6
Se convierte en Presidente

La canción de la campaña de Franklin había sido "Happy Days Are Here Again" (De nuevo han llegado los días felices). Después de jurar como el trigésimo segundo presidente de Estados Unidos,

Franklin habló a la nación. Les prometió: "Acción y acción ahora". Iba a empezar nuevos programas para ayudarlos. Dijo: "A la única cosa a la que tenemos que tener miedo es al mismo miedo".

La gente definitivamente tenía miedo. Ya no confiaban en los bancos para mantener su dinero seguro. Así que hicieron cola para sacar sus ahorros. Sin dinero, los bancos de todo el país se colapsaron.

Inmediatamente, Franklin declaró cuatro días de feriados bancarios. Nadie podía sacar su dinero porque los bancos estaban cerrados. Franklin esperaba que esta pausa calmara a la gente. Los feriados funcionaron, pero Franklin no tenía manera de saber esto de antemano.

Toda su vida, Franklin había deseado experimentar. Si intentaba algo y no funcionaba, probaría con algo diferente. Quería escuchar las ideas y opiniones de muchas personas. "Sobre todo, prueba algo".

Franklin dio por la radio su primera "charla junto a la chimenea". Quería que todos entendieran lo que estaba haciendo para arreglar el problema de los bancos. "Es más seguro dejar el dinero en un banco renovado que guardarlo debajo del colchón", les dijo.

Se recibieron miles de cartas y telegramas en la Casa Blanca. La charla junto a la chimenea había sido todo un éxito. El presidente le había hablado a la gente como un amigo. Sentían que a él le importaban sus problemas.

CHARLAS JUNTO A LA CHIMENEA EN LA RADIO

DURANTE LOS AÑOS EN QUE FRANKLIN FUE PRESIDENTE, REALIZÓ TREINTA Y UNA DE SUS FAMOSAS "CHARLAS JUNTO A LA CHIMENEA". ESTO LE PERMITÍA EXPLICAR LO QUE EL GOBIERNO ESTABA HACIENDO Y POR QUÉ. QUERÍA LLEGAR A TANTAS PERSONAS COMO FUERA POSIBLE. SUS CHARLAS SALÍAN AL AIRE NORMALMENTE LOS DOMINGOS A LAS NUEVE DE LA NOCHE, CUANDO

LA MAYORÍA DE LOS
ESTADOUNIDENSES
ESTABAN ESCUCHANDO
LA RADIO.

 FDR EMPEZABA
DICIENDO: "... QUIERO
HABLAR DURANTE UNOS
MINUTOS CON LAS
PERSONAS DE ESTADOS UNIDOS...".

 PREPARABA MUY BIEN LO QUE QUERÍA DECIR
Y CÓMO LO DIRÍA. "PENSARÉ EN VOZ ALTA", LE
DECÍA A SU SECRETARIA, "Y USTED LO ESCRIBE".
DURANTE LAS "CHARLAS JUNTO A LA CHIMENEA",
SIEMPRE HABÍA ALGUNAS PERSONAS SENTADAS
JUNTO A ÉL. FRANKLIN PODÍA MIRARLAS E
IMAGINARSE A TODOS LOS ESTADUNIDENSES POR
TODO EL PAÍS ESCUCHÁNDOLO POR LA RADIO. DE
HECHO, LA GENTE SE SENTÍA COMO SI FRANKLIN
ESTUVIERA EN SUS CASAS DIRIGIÉNDOSE A
ELLOS, COMO UN AMIGO.

 UNA VEZ ESCUCHÓ UN SONIDO SILBANTE
QUE PROVENÍA DE LA SEPARACIÓN QUE TENÍA
ENTRE LOS DIENTES DELANTEROS. NO LE GUSTÓ,
ASÍ QUE LE HICIERON UN PUENTE PARA USARLO
EXCLUSIVAMENTE EN SUS "CHARLAS JUNTO A LA
CHIMENEA".

Durante los primeros cien días, el Congreso aprobó cincuenta leyes importantes para ayudar a los desempleados a volver a trabajar. Los programas que Franklin había prometido estaban en marcha. Se conocían por todo el país como el "Nuevo Trato".

Franklin estableció muchas organizaciones nuevas para trabajar en las soluciones.

La CCC envió a jóvenes desempleados a los parques nacionales y bosques a plantar árboles, construir estaciones de bomberos y apagar incendios.

La AAA ayudó a los campesinos que no podían vender sus cosechas o pagar sus alquileres o hipotecas.

La WPA construyó carreteras, hospitales, escuelas y otros edificios públicos. Se pidió a artistas, escritores y músicos que pintaran murales en edificios públicos, escribieran libros y dieran conciertos por todo el país.

La NRA redactó normas para ayudar a empresarios y trabajadores a entenderse bien. Se establecieron leyes para los precios, el salario mínimo y las horas de trabajo, y los trabajadores pudieron agruparse en sindicatos para negociar con las empresas.

La TVA llevó la electricidad y otras mejoras a zonas rurales de siete estados del sur. Franklin no había olvidado a todas esas personas de Georgia que vivían sin electricidad.

Más tarde se crearon más programas. Uno importante que todavía existe hoy es el SSA, creado en 1935. El gobierno enviaba cheques a las personas jubiladas mayores de sesenta y cinco años, a los discapacitados, a los desempleados y a los niños pobres. El dinero salía de los impuestos de los trabajadores y de las empresas.

Estos nuevos programas le costaron al gobierno mucho dinero. Algunas personas pensaban que era demasiado dinero. Y no les gustaba que el gobierno manejara asuntos de los que pensaban que debían encargarse las empresas privadas. Tampoco les gustaba pagar más impuestos. Pero eran circunstancias extraordinarias. Franklin estaba seguro de que

¡ENCIENDAN LA LUZ!

LA COMPAÑÍA TENNESSEE VALLEY
AUTHORITHY (TVA) MEJORÓ LA VIDA DE FAMILIAS
POBRES DEL SUR DE MUCHAS MANERAS. AYUDÓ
A LOS CAMPESINOS A CULTIVAR MEJORES
COSECHAS. CONSTRUYÓ FÁBRICAS QUE CREARON
MILES DE TRABAJOS. LLEVÓ LA ELECTRICIDAD
A HOGARES QUE HASTA ENTONCES HABÍAN
DEPENDIDO DE VELAS O LÁMPARAS DE GAS. ESTO
FUE POSIBLE GRACIAS A PRESAS ENORMES QUE
PROPORCIONARON ENERGÍA HIDROELÉCTRICA
A SIETE ESTADOS TVA: LA MAYOR PARTE DE
TENNESSEE, PARTE DE ALABAMA, KENTUCKY Y
MISSISSIPPI, Y UNA PARTE PEQUEÑA DE GEORGIA,
CAROLINA DEL NORTE Y VIRGINIA.
   LA TVA TODAVÍA FUNCIONA HOY EN DÍA.

estaba haciendo lo correcto. Y los votantes estaban de acuerdo con él.

En 1936, Franklin se lanzó de nuevo como candidato. Ganó con una victoria todavía más aplastante. Esta vez solo perdió en dos estados, Maine y Vermont.

Aunque los votantes y el Congreso aprobaron las medidas del Nuevo Trato, Franklin enfrentó un gran obstáculo en la Corte Suprema. Si una ley que aprobaba el Congreso estaba en contra de la Constitución, era responsabilidad de la Corte Suprema revocarla. Lo hizo con algunos programas, especialmente de la AAA y de la NRA. La Corte estableció que el gobierno no tenía derecho de iniciarlos ni de pagarlos.

Franklin se puso furioso. Él no había nombrado a ninguno de aquellos jueces de la Corte. Todos eran jueces conservadores que creían muy poco en el gobierno. Franklin quería jueces liberales que pensaran que la obligación del gobierno era involucrarse. Además, siete de los nueve jueces tenían más de setenta años y su nominación era de por vida. Afirmaba que no trabajaban lo suficiente ni con la rapidez necesaria. Franklin decidió renovar la Corte nombrando un juez más por cada uno que tenía más de setenta años.

Para sorpresa de Franklin, al Congreso no le gustó esta idea en lo más mínimo. Y a la gente tampoco. Llegaron miles de cartas de protesta. No era frecuente que Franklin perdiera una batalla, pero esta vez así fue.

Con el tiempo, escogió a siete jueces. Pero su poder había sido puesto a prueba.

Capítulo 7
En la Casa Blanca

"¿Le gusta ser presidente?", le preguntó una vez un periodista a Franklin.

"¡Me encanta!", respondió él con voz de trueno.

A Franklin también le gustaba vivir en la Casa Blanca.

Eleanor, en cambio, no estaba tan segura. Una vez le dijo a una amiga: "Nunca quise ser la esposa de un presidente". La primera dama tenía que organizar cenas para visitantes extranjeros y fiestas para

los miembros del Congreso y otras personas del gobierno. Tenía que pasar horas dando apretones de mano.

Algunas veces, sin embargo, a Eleanor le parecía divertido ser la primera dama. Cuando

Amelia Earhart, la famosa piloto, visitó la ciudad, invitó a volar a Eleanor. "Ha sido como estar en la cima del mundo", dijo Eleanor.

Eleanor también viajó por todo el país para apoyar a Franklin. Él necesitaba a alguien en quien pudiera confiar para que comprobara cómo el Nuevo Trato estaba funcionando. Él dijo que ella era "sus ojos y sus oídos".

En el oeste de Virginia, Eleanor bajó a una mina para hablar con los mineros.

Cuando Sara se enteró, le escribió a Franklin: "Veo que ella ha salido de la mina… Es algo por lo que debemos estar agradecidos".

Viajar le dio a Eleanor la oportunidad de hablar sobre sus propias causas. Fue defensora de los derechos de los afroamericanos y las mujeres. Exhortaba a Franklin a que contratara a más afroamericanos y mujeres para puestos del gobierno, y él lo hizo.

Eleanor continuamente escribía memos a Franklin sobre las cosas que quería que él hiciera. Los ponía en un cesto en su dormitorio cada noche. La pila se hizo tan grande que él le pidió que solo le diera tres memos por noche.

Eleanor y Franklin no eran los únicos Roosevelt que vivían en la Casa Blanca. Era el hogar de sus dos hijos menores, que estudiaban en Groton.

La otra hija, Anna, se mudó con sus hijos. Ahí también vivía el otro hijo, James.

Louis Howe ocupaba la habitación Lincoln. Missy LeHan, que había sido la fiel secretaria de Franklin durante trece años, también se mudó.

El perro de Franklin, Fala, andaba por la Casa Blanca durante el día y dormía en su propia habitación por las noches.

FALA

El dormitorio de Franklin estaba en el segundo piso junto a su estudio privado, donde nadie entraba sin haber sido invitado. Conservaba su colección de estampillas sobre un escritorio, cerca de la puerta. Ser presidente tenía sus ventajas. Le pidió al

Departamento de Estado que, desde otros países, le enviaran estampillas en cartas. Todos los sábados llegaba un paquete a la Casa Blanca.

Franklin se despertaba cerca de las ocho de la
mañana. Desayunaba y leía los periódicos en la
cama. Solamente sus nietos tenían permiso para
entrar. No le importaba en absoluto si saltaban en
su cama. Le gustaba. Luego se vestía y revisaba con

Louis Howe su agenda del día. A la diez en punto, bajaba a su despacho. Cada visitante disponía solamente de unos quince minutos. Pero a Franklin le encantaba hablar y escuchar. Así fue como aprendió tanto. Así que le costaba ceñirse estrictamente al horario establecido.

Almorzaba alrededor de la una. Dependiendo del día, se reunía con su gabinete o consejeros. Al final de la tarde se ocupaba del correo y el trabajo administrativo antes de ir a la piscina.

Después era la hora del aperitivo. Le encantaba relajarse con la familia y los amigos. Después de cenar, a menudo trabajaba en su colección de sellos o veía una película.

A Franklin le encantaba hablar con los periodistas. Los miércoles por las mañanas, recibía a los periodistas de los periódicos matutinos y los viernes por la tarde, a los de los periódicos vespertinos.

A los periodistas les gustaba Franklin. Él se sentaba en su despacho y ellos se ponían a su alrededor llenando la Oficina Oval. A veces, algún periodista se caía sobre su escritorio por los empujones para estar en primera fila. A diferencia de otros presidentes, Franklin no pedía ver las preguntas con antelación. Le podían preguntar lo que quisieran. Algunas veces no contestaba. Pero sabía cómo cautivarlos, así que no se lo tenían en cuenta.

CANTA MARIAN ANDERSON

EN 1939, MARIAN ANDERSON, UNA FAMOSA CANTANTE AFROAMERICANA, IBA A DAR UN CONCIERTO EN CONSTITUTION HALL, EN WASHINGTON, D.C. EL AUDITORIO PERTENECÍA A UNA ORGANIZACIÓN FEMENINA LLAMADA HIJAS DE LA INDEPENDENCIA (DAR, POR SUS SIGLAS EN INGLÉS). ELLAS SE NEGARON A PERMITIR QUE UNA MUJER AFROAMERICANA ACTUARA ALLÍ. ELEANOR, QUE ERA MIEMBRO DE DAR, NO SOLAMENTE SE RETIRÓ DE LA ORGANIZACIÓN, SINO QUE TAMBIÉN ENCONTRÓ OTRO LUGAR PARA EL CONCIERTO DE MARIAN ANDERSON: EL MONUMENTO A LINCOLN.

LA TARDE DE PASCUA, SETENTA Y CINCO MIL PERSONAS BLANCAS Y DE COLOR SE REUNIERON ALREDEDOR DE LA PISCINA REFLECTANTE PARA ESCUCHAR A MARIAN ANDERSON. MILLONES MÁS LA ESCUCHARON DESDE SU CASA POR LA RADIO. MARIAN ANDERSON EMPEZÓ EL CONCIERTO CON "AMÉRICA".

Su vida como presidente fue emocionante. Sin embargo, desde el momento en que llegó a la presidencia, su objetivo había sido que la gente volviera a tener trabajo. A mediados de la década del treinta, las cosas iban mejor, pero el país no había salido de la Depresión.

Otro problema, uno muy grave, se acercaba por el océano Atlántico.

Capítulo 8
A la guerra

ADOLFO HITLER

En 1933, Adolfo Hitler se convirtió en el canciller de Alemania. Esto ocurrió el mismo año en que Franklin llegó a la presidencia de EE. UU.

Hitler organizó un poderoso ejército. Su objetivo era conquistar países por toda Europa. Alemania quería ser la nación más poderosa de la tierra.

En 1938, el ejército alemán entró a Austria. Durante los dos años siguientes, Checoslovaquia, Polonia, Noruega, Dinamarca, Holanda, Bélgica, Luxemburgo y finalmente Francia, cayeron ante Alemania. Los ingleses sabían que ellos serían los próximos.

PAÍSES BAJO EL CONTROL ALEMÁN
EN 1940

Estados Unidos envió tropas a Europa para luchar en la Primera Guerra Mundial. Murieron más de 116,000 soldados. Los estadounidenses no querían luchar en otra guerra en Europa. De hecho, el Congreso había aprobado leyes para asegurarse de que Estados Unidos no intervendría en las guerras de otros países. EE. UU. no podía ayudar a ningún bando, ni siquiera podía vender armas. Aún así, Franklin sabía que EE. UU. se vería involucrado en la guerra tarde o temprano. Alemania probablemente no iba a atacar a EE. UU. pronto, pero si controlaba toda Europa, podría llegar a hacerlo.

Hitler era un enemigo temible. No solamente quería controlar el mundo, sino eliminar razas que él consideraba inferiores, como los gitanos y los judíos. Se establecieron campos de concentración nazis en los países que Hitler iba invadiendo. Cuando terminó la guerra, más de seis millones de judíos habían sido asesinados en esos campos. Otros países, incluyendo Estados Unidos, tuvieron conocimiento de lo que estaba pasando. Pero pocos

hicieron algo. (No fue hasta 1944 que Franklin hizo algo para ayudar a rescatar a los refugiados).

En 1940, el segundo mandato del presidente llegó a su fin. Ningún presidente había sido candidato para un tercer mandato. Nadie esperaba que Franklin lo fuera. Pero con la situación que había en Europa, Franklin sintió que debía volver a postularse. Así que lo hizo. No consiguió una victoria aplastante, pero ganó.

En julio, Alemania comenzó a bombardear Inglaterra. Todas las noches los ataques arrasaban Londres. Las bases militares eran atacadas a diario. Jóvenes pilotos ingleses combatían valientemente, aunque las fuerzas enemigas eran más numerosas. El primer ministro, Winston Churchill, le suplicó a Franklin que los ayudara. Churchill entendía que EE. UU. no podía entrar en la guerra. Pero Churchill necesitaba desesperadamente buques de guerra.

"Señor Presidente", suplicaba, "con todo mi respeto, tengo que decirle que en la larga historia del mundo, esto es lo que hay que hacer ahora".

Franklin quería enviar buques de guerra, pero Gran Bretaña no podía pagarlos. Por lo tanto,

Franklin tenía las manos atadas. Entonces, los dos juntos, él y Churchill, idearon un plan.

EE. UU. le prestaría a Inglaterra cincuenta buques. A cambio, Inglaterra le permitiría a EE. UU. tener bases militares en territorio británico cerca de EE. UU. durante noventa y nueve años. Esto llevó al Congreso a aprobar la llamada Ley de Préstamo y Alquiler. EE. UU. pudo finalmente enviar el armamento que tanto necesitaba Inglaterra. Convoyes de barcos iban y venían, y eran atacados con frecuencia por submarinos alemanes.

Franklin no solo tenía que preocuparse por Alemania, sino también tenía que preocuparse por sus aliados, Italia y, sobre todo, Japón.

Japón tenía un ejército poderoso. Los japoneses habían luchado en China durante años. Ahora tenían puestos los ojos en otros países de Asia, como Indochina y las Filipinas.

Franklin estaba seguro de que algún día Japón atacaría a Estados Unidos. Pero dónde y cuándo ocurrió fue una horrible sorpresa.

El domingo 7 de diciembre de 1941, aviones de guerra japoneses atacaron Pearl Harbor, en Hawái, que entonces era un territorio de EE. UU. En quince minutos, los japoneses bombardearon los aeródromos y destrozaron los barcos de guerra. Más de tres mil quinientos estadounidenses resultaron muertos o heridos. Doscientos sesenta y cinco aviones fueron destruidos. Nueve barcos resultaron dañados o fueron hundidos. Entre ellos estaba el *USS Arizona*, el barco de guerra que Franklin había visto construir in Brooklyn durante la Primera Guerra Mundial.

Al día siguiente, los estadounidenses se reunieron en torno a sus radios para escuchar al presidente hablar sobre el ataque. Dijo que el 7 de diciembre de 1941 era "una fecha que prevalecerá como una infamia". EE. UU. le declaró la guerra a Japón ese mismo día. Tres días más tarde, Alemania e Italia le declararon la guerra a EE. UU. Estados Unidos de América había entrado a la Segunda Guerra Mundial.

Los hombres mayores de dieciocho años se incorporaron al ejército y la armada. Casi de la noche a la mañana, las fábricas que habían estado fabricando

productos como juguetes y autos terminaron fabricando armas, camiones, tanques y aviones. Las mujeres trabajaban al lado de los hombres. Fotos de "Rosie, la Remachadora" se convirtieron en el símbolo de las mujeres que ayudaban en el esfuerzo de la guerra. Ahora, había trabajo para todos.

"No será solo una guerra larga, será una guerra difícil", le dijo Franklin al país. Luego añadió: "Vamos a ganar la guerra y vamos a ganar la paz que vendrá a continuación".

FRANKLIN Y WINSTON

EL 9 DE AGOSTO DE 1941, EN AGUAS DE
TERRANOVA, EN CANADÁ, WINSTON CHURCHILL
Y FRANKLIN ROOSEVELT SE REUNIERON POR
PRIMERA VEZ. ESE DOMINGO, ANTES DE IRSE
A CASA, LOS DOS LÍDERES PARTICIPARON EN
UNA CONMOVEDORA CEREMONIA A BORDO DE
EL PRÍNCIPE DE GALES, UN BUQUE DE GUERRA
BRITÁNICO. MARINEROS Y SOLDADOS DE
INFANTERÍA DE MARINA DE ESTADOS UNIDOS
E INGLATERRA CANTARON HIMNOS A UNA VOZ
FRENTE A SUS LÍDERES.

ESTE FUE EL PRINCIPIO DE UNA GRAN AMISTAD
ENTRE DOS GIGANTES DE SU GENERACIÓN.
DURANTE LA GUERRA, SE REUNIRÍAN ONCE VECES
MÁS, EN EUROPA Y NORTEAMÉRICA.

La guerra se libraba en tres frentes, en Europa, en el Norte de África y en el Pacífico.

El 4 de junio de 1942, en la batalla de Midway, se consiguió un avance en el Pacífico. Los estadounidenses habían descifrado los códigos secretos japoneses, así que estaban preparados porque tenían información sobre el ataque. La batalla duró cuatro días. Cuando finalizó, los estadounidenses

había hundido cuatro portaaviones japoneses.

Por fin, la Armada de EE. UU. logró una victoria. Japón nunca volvió a tener el control marítimo. Sin embargo, un largo camino hacia la victoria les esperaba a los valientes soldados que combatieron en las feroces batallas de Okinawa, Iwo Jima y otras islas japonesas.

CAMPOS DE CONCENTRACIÓN PARA JAPONESES

DESPUÉS DE PEARL HARBOR, SE EXTENDIÓ EL MIEDO A QUE LOS JAPONESES PUDIERAN ATACAR EN TIERRA FIRME. ESO NUNCA SUCEDIÓ, PERO LA GENTE ESTABA ATERRORIZADA. LA MAYORÍA DE LOS ESTADOUNIDENSES DE ORIGEN JAPONÉS VIVÍAN EN LA COSTA OESTE DEL PAÍS. ¿Y SI ERAN ESPÍAS?

EN FEBRERO DE 1942, FRANKLIN FIRMÓ UNA ORDEN POR LA CUAL SE OBLIGABA A LOS ESTADOUNIDENSES DE ORIGEN JAPONÉS DE LA COSTA OESTE A PASAR LA GUERRA EN CAMPOS DE CONCENTRACIÓN ARMADOS, RODEADOS DE ALAMBRE DE PÚAS. APROXIMADAMENTE 110,000 PERSONAS TUVIERON QUE DEJAR SUS CASAS

Y LLEVARSE SOLO LO QUE PODÍAN CARGAR CON ELLOS. HOMBRES, MUJERES, NIÑOS Y ANCIANOS, SIN EXCEPCIÓN, TUVIERON QUE IRSE A ESTOS CAMPOS. FUE ALGO HORRIBLE.

NINGUNO FUE CONDENADO POR ESPÍA Y ALREDEDOR DE 20,000 JÓVENES ESTADOUNIDENSES DE ORIGEN JAPONÉS SE ALISTARON EN EL EJÉRCITO Y LUCHARON VALIENTEMENTE EN EL NORTE DE ÁFRICA Y EN EUROPA.

CUANDO LA GUERRA TERMINÓ, ESTAS PERSONAS PUDIERON MACHARSE TRAS RECIBIR $25 Y UN BOLETO DE TREN. LA MAYORÍA HABÍAN PERDIDO SUS CASAS, SUS TIERRAS Y SUS NEGOCIOS. FINALMENTE, DESPUÉS DE MUCHOS AÑOS, EL GOBIERNO LES DIO A CADA DETENIDO O A SUS HEREDEROS $20,000.

La invasión de Europa se llevó a cabo el 6 de junio de 1944. Se conoce como el Día D. Cerca de cinco mil barcos transportaron a más de cien mil hombres, a través del Canal de la Mancha, a las playas de Normandía, en Francia. Enfrentaron fuertes ataques de los alemanes y las pérdidas de los aliados fueron asombrosas. Pero continuaron con su estrategia de "cabeza de playa" y, en dos semanas, cerca de seiscientos mil soldados y armamento habían aterrizado en Normandía. Fue un logro increíble.

Alemania se rindió once meses más tarde, el 7 de mayo de 1945.

Capítulo 9
La despedida

En casa, en 1944, era el momento para la elección presidencial. Franklin no solo había dirigido la

HARRY S. TRUMAN

guerra como Comandante en Jefe, ahora se presentaba como candidato a presidente por cuarta vez. El Senador Harry S. Truman, de Missouri, era su compañero de campaña.

Franklin estaba cansado. Sin embargo hizo la campaña con la misma confianza, encanto y buen humor de siempre. Les dijo a las masas que sus oponentes ahora estaban atacando a su perrito, Fala. Con un gesto serio, les dijo: "Bueno, por supuesto, yo no estoy ofendido por los ataques y mi familia tampoco, pero Fala sí". Todo el mundo estalló en carcajadas.

No fue una sorpresa que Franklin volviera a ganar. Después de todo, Estados Unidos estaba en guerra y muchos pensaban que no era el momento para cambiar de presidente.

En enero de 1945, Franklin viajó a Yalta, en el Mar Negro, para reunirse con Churchill y José Stalin, el líder ruso. El objetivo de Franklin era conseguir la promesa de Stalin de que Rusia ayudaría a combatir a Japón. Y quería que Stalin estuviera de acuerdo en que Rusia formara parte de una organización mundial por la paz. Sería la ONU.

Franklin regresó a casa con las promesas de Stalin, pero se veía cansado y demacrado. Tenía ojeras y había perdido peso. Eleanor estaba preocupada por él.

Franklin rindió informe al Congreso sobre su viaje a Yalta. Por primera vez, no se levantó para hablar. "Espero que me perdonen... por estar

sentado… pero sé que se darán cuenta de que es mucho más fácil para mí no tener que llevar unas diez libras de acero alrededor de la parte inferior de las piernas, y también por el hecho de que acabo de hacer un viaje de catorce mil millas".

Poco después, Franklin viajó a Warm Spring para tomarse el descanso que tanto necesitaba. Eleanor se quedó en Washington, pero algunos amigos se fueron con él. Después de la primera semana, parecía estar mejor y disfrutaba de la compañía.

El 12 de abril, se despertó con dolor de cabeza y el cuello rígido. Desayunó, se vistió y se reunió con sus amigos. Su primo lo recordaría después especialmente atractivo con un traje gris y una corbata carmesí.

Poco antes del almuerzo, estaba sentado a la mesa revisando su correspondencia. De repente dijo que tenía un terrible dolor de cabeza y se desplomó.

Llamaron a un médico, pero ya era demasiado tarde. Un poco antes de las 3:30 p. m., Franklin Roosevelt murió de una hemorragia cerebral. Tenía sesenta y tres años. No solo el país, sino todo el mundo quedó atónito con la noticia.

Eleanor llegó desde Washington para llevar a su marido a casa. La estación de tren de Warm Springs estaba a rebosar de amigos y vecinos que habían ido a despedir a su viejo amigo.

A medida que el tren emprendía su viaje a Washington, masas de personas permanecían de pie a lo largo de los andenes sollozando. Un periodista escribió: "Llegaron del campo, de las granjas, de las aldeas y de todas las intersecciones, y en las ciudades se amontonaban por miles para verlo pasar con humilde veneración y sobrecogimiento".

Por la mañana, el tren llegó a Washington, D.C.

Un armón de artillería tirado por seis caballos
blancos llevó el ataúd de Franklin a la Casa Blanca.
Hubo un funeral en el Ala Este aquella tarde. Por la
noche, el tren continuó a lo largo del río Hudson
hasta Hyde Park donde Franklin fue enterrado en

casa, en Springwood, al día siguiente.

"El funeral fue hermoso", escribió un amigo. "Hacía un tiempo magnífico, muy soleado, el cielo azul, las lilas blancas en flor... y los pájaros cantaban".

Harry S. Truman era ahora el presidente. Menos de un mes más tarde, el 7 de mayo de 1945, Alemania se rindió. En agosto, Truman dio la orden de arrojar bombas atómicas sobre dos ciudades de Japón, Hiroshima y Nagasaki. (Los científicos habían estado trabajando en secreto en las bombas desde 1941).

La Segunda Guerra Mundial por fin había terminado.

Poco después de la muerte de Franklin, un joven soldado dijo lo que muchos estadounidenses habían sentido sobre él: "Tengo recuerdos del Presidente desde que era pequeño… Estados Unidos parecerá un lugar vacío y extraño sin su voz, hablándole a la gente siempre que ocurrían grandes sucesos… Casi no puedo creer que se haya ido".

Muchos sucesos horribles ocurrieron mientras Franklin fue presidente. Pero, con él, los estadounidenses se sentían como si siempre tuvieran un amigo ayudándolos en los momentos difíciles.

LÍNEA CRONOLÓGICA DE LA VIDA
DE FRANKLIN ROOSEVELT

1882 —Nace en Hyde Park, Nueva York, el 30 de enero.

1900 —Se gradúa de la escuela Groton, un internado
en Massachusetts.

1903 —Se gradúa de Harvard con un B. A. en Historia.

1905 —Se casa con su prima lejana Eleanor Roosevelt el 17 de marzo.
Nace Anna Eleanor, la primera de sus seis hijos.

1910 —Se postula para el senado estatal de Nueva York y gana.

1913 —Es nombrado Asistente del Secretario de la Armada.

1919 —Asiste a la conferencia de paz en Francia, que da fin
oficialmente a la Primera Guerra Mundial.

1920 —Se postula como vicepresidente en la campaña de James Cox.

1921 —Contrae la polio.

1924 —Visita Warm Springs, Georgia, por primera vez.

1928 —Es elegido gobernador de Nueva York.

1932 —Es elegido presidente de Estados Unidos.

1933 —Se trasmite por la radio su primera "charla junto
a la chimenea".

1936 —Es reelegido presidente para un segundo mandato.

1940 —Es reelegido presidente para un tercer mandato.

1941 —Solicita al Congreso que declare la guerra a Japón.

1944 —Es reelegido presidente para un cuarto mandato.

1945 —Muere en Warm Springs, Georgia, el 12 de abril.

LÍNEA CRONOLÓGICA DEL MUNDO

Thomas Edison lleva la electricidad a una milla cuadrada — **1882**
de Nueva York.

Se inicia la primera fiebre del oro de Klondike en Yukón, — **1986**
Canadá.

Se juega la primera Serie Mundial de Béisbol entre Boston — ~~1903~~
y Pittsburgh.

El modelo T de Henry Ford populariza los automóviles. — 1908

El *Titanic* se hunde en su viaje inaugural entre Gran Bretaña — **1912**
y EE. UU. el 12 de abril.

Primera Guerra Mundial. — **1914-
1918**

Empieza la Revolución Rusa. — **1917**

La decimonovena enmienda les da a las mujeres de EE. UU. — **1920**
el derecho al voto.

Adolfo Hitler se convierte en el líder del Partido Nazi — **1921**
de Alemania.

Se descubre la insulina y se usa para tratar la diabetes. — **1922**

Charles Lindbergh realiza el primer vuelo transatlántico — ~~1927~~
sin escalas entre EE. UU. y Francia.

Se desploma el mercado bursátil de Wall Street. — ~~1929~~

El afroamericano Jesse Owen gana cuatro medallas de oro — **1936**
en los Juegos Olímpicos de Verano de Berlín, Alemania.

Desaparece el avión de Amelia Earhart en el océano Pacífico. — **1937**

Action Comics publica la primera historieta de Supermán. — **1938**

Alemania invade Polonia y comienza la Segunda — **1939**
Guerra Mundial.

Japón bombardea Pearl Harbor, Hawái. — **1941**
Estados Unidos entra en la guerra.

El ejército ruso libera Auschwitz, el campo de concentración — **1945**
más grande de Alemania.

Colección ¿Qué fue...? / ¿Qué es...?

El Álamo

La batalla de Gettysburg

El Día D

La Estatua de la Libertad

La expedición de Lewis
y Clark

La Fiebre del Oro

La Gran Depresión

La isla Ellis

La Marcha de Washington

El Motín del Té

Pearl Harbor

Pompeya

El Primer Día de Acción
de Gracias

El Tren Clandestino

Colección ¿Quién fue...? / ¿Quién es...?

Albert Einstein

Alexander Graham Bell

Amelia Earhart

Ana Frank

Benjamín Franklin

Betsy Ross

Fernando de Magallanes

Franklin Roosevelt

Harriet Beecher Stowe

Harriet Tubman

Harry Houdini

Los hermanos Wright

Louis Armstrong

La Madre Teresa

Malala Yousafzai

María Antonieta

Marie Curie

Mark Twain

Nelson Mandela

Paul Revere

El rey Tut

Robert E. Lee

Roberto Clemente

Rosa Parks

Tomás Jefferson

Woodrow Wilson